NOTICE HISTORIQUE

De ce qui s'est passé à l'Institution des SOURDS-MUETS, et à celle des AVEUGLES-NÉS, les jours où S. S. le Pape PIE VII a bien voulu visiter ces deux Institutions.

A PARIS,

De l'Imprimerie des SOURDS-MUETS, sous la Direction d'Adrien LE CLERE, Imprimeur de N. S. P. le Pape.

1805.

NOTICE

HISTORIQUE

De ce qui s'est passé à l'Institution des Sourds-Muets, et à celle des Aveugles-Nés, les jours où S. S. le Pape PIE VII a bien voulu visiter ces deux Institutions.

Le samedi 23 février 1805, le S. P. s'est rendu à l'Institution des Sourds-Muets. Cinq Cardinaux, au nombre desquels étoit S. E. M. l'Archevêque de Paris, un grand nombre de Prélats Romains et d'Evêques François, d'Ecclésiastiques, de Fonctionnaires des premières Autorités, d'Etrangers de marque, accompagnoient S. S.

Le S. P. est arrivé à onze heures, avec toute sa suite, escorté d'un escadron de grenadiers de l'Empire, à cheval, et de plusieurs compagnies de chasseurs, à pied.

S. S. a été reçue à la descente de sa voiture, par MM. Brousse-Desfaucherets, Montmorency, Bonnefoux et Sicard, Administrateurs de l'Institution.

A

Avant de se rendre à la salle des Exer-cices des Sourds-Muets, le S. P. bénit solen-nellement la Chapelle de la Maison, où se trouvoient un grand nombre de personnes qui reçurent sa Bénédiction.

Après cette Cérémonie, le S. P. fut conduit par l'Administration à la Salle des Séances, au milieu de laquelle étoit placé un siége en forme de Trône, surmonté d'un dais. Les Élèves Sourds-Muets des deux sexes, sous la surveillance de leurs Répétiteurs et Répétitrices, étoient grouppés séparément, en face du Trône, sur les deux côtés de l'estrade.

La présence de S. S. dans ce lieu con-sacré à l'enfance, au malheur, au sein d'une Institution toute religieuse par l'esprit dans lequel elle a été fondée et se maintient, excita le plus consolant intérêt; et c'est au milieu de l'attendrissement général que M. l'Abbé Sicard ouvrit la Séance par le discours suivant, adressé au S. P.

Très-Saint Père,

« Le bonheur de vous posséder dans cet asile con-sacré à rendre la vie morale à des infortunés qui étoient condamnés à n'en jouir jamais faisoit depuis long-temps l'objet des vœux des Administrateurs de cette Institution. Mais nous n'aurions jamais osé porter jusque-là nos espérances, si, au moment où l'Instituteur des Sourds-Muets vous fut annoncé, votre Sainteté ne les eût fait naître par ce premier mouvement de bienveillance et d'intérêt : *ci ande-remmo : nous y irons.*

» Vous descendez, **T. S. P.**, jusque dans cette humble demeure, et vous y apportez, comme partout où votre charité vous conduit, la consolation, le bonheur et une sainte allégresse. Aucun asile du malheur n'est étranger à votre tendresse paternelle; j'oserai dire que celui-ci n'étoit peut-être pas tout-à-fait indigne de votre intérêt, par son objet, et les motifs qui lui donnèrent naissance.

» C'est la Religion qui en fit concevoir la première pensée, et c'est la Religion qui féconda dans l'esprit qui l'avoit conçue cette pensée si heureuse et si grande. C'est le désir de faire naître J. C. dans le cœur de tant d'infortunés et de les initier dans les mystères de cette Religion sainte, dont vous êtes le premier Pasteur et le Chef suprême, qui embrasa le cœur d'un des Prêtres les plus religieux de cette Capitale.

» Une bonté sans bornes, une charité sans mesure, un zèle égal à cette charité : tel fut le caractère de l'illustre Abbé de l'Epée, seul inventeur de cette découverte, le plus ardent propagateur de cette œuvre sublime, à laquelle il consacra et son patrimoine et toutes ses forces, jusqu'au moment où il fut appelé pour aller recevoir le prix éternel d'un si grand dévouement.

» C'est de ses mains, T. S. P., que j'ai reçu ce dépôt sacré; c'est cet apostolat que je me suis efforcé de continuer, en profitant de ses leçons, et en agrandissant les premiers moyens d'instruction que son grand âge ne lui permit pas de porter à leur perfection; c'est pour atteindre ce but que j'ai employé le peu de ressources que j'avois reçues de la Providence. J'y ai travaillé sans relâche; et j'ai la consolation de pouvoir annoncer à votre Sainteté que toutes les difficultés ont été vaincues, et qu'il n'y a rien de si élevé dans la morale et dans la Religion, et même dans les institutions humaines, et jusque dans les sciences, que je ne puisse atteindre, et que je ne puisse révéler à mes Elèves.

» Quel bonheur pour moi, T. S. P., d'en pouvoir faire aujourd'hui l'essai sous les yeux de votre Sainteté! C'est une récompense dont je n'aurois osé me flatter, et dont on a craint un instant que je ne fusse privé pour jamais.

» Il demeurera éternellement gravé dans nos cœurs le souvenir de ce jour mémorable où votre Sainteté n'a pas dédaigné de paroître au milieu de ces enfans que votre présence rend si heureux. Il sera toujours pour moi un grand sujet d'encouragement, et pour eux un objet d'émulation et d'instruction continuelles.

» Lorsque j'aurai quelque grande idée de vertu à leur inspirer, je leur parlerai du S. P.

» Quand j'aurai à peindre à leurs yeux la plus haute dignité unie à la simplicité la plus touchante, les plus éminentes vertus embellies par le charme toujours vainqueur d'une bonté toute céleste, je leur parlerai du S. P.

» Lorsque je voudrai leur donner une idée juste d'une douceur inaltérable qui fait naître la confiance, et qui s'allie si bien à cette sublimité de rang qui prescrit le plus grand respect, assemblage divin qui commande l'admiration et qui entraîne tous les cœurs, je leur parlerai encore du S. P.

» Je leur raconterai toutes les merveilles que votre présence auguste a opérées dans cette Capitale; ce triomphe sur tous les esprits, sans même les combattre; cette vénération profonde qui a fait tomber à vos pieds et y attendre la bénédiction de **V. S.**, non-seulement les enfans fidèles, mais ceux que le malheur de leur naissance, et ceux que de fausses lumières avoient toujours tenus en garde contre l'ascendant de la vérité; mais on ne résiste pas à celui de la charité, quand la charité se montre sous des formes si attrayantes.

» Ils entendront tout cela, T. S. P., ces enfans qui en auront déjà remarqué, dans ce jour solennel, la juste application; et ils le rediront, dans leur langage, à ceux qui, dans la suite, viendront, comme eux, recevoir ici les mêmes instructions.

» Ainsi se formera dans cette Institution une sorte de tradition, dont la chaîne ne sera jamais interrompue, de tous les bienfaits que nous aura apportés une visite aussi honorable. Ainsi se continuera le double prodige qui va frapper vos regards paternels : *Et surdos fecit audire, et mutos loqui.*

» Oui, les Sourds entendront, car ils verront la parole; les Muets parleront, vous verrez leurs gestes la dessiner. C'est ce que je vais tâcher de rendre sensible à votre Sainteté, dans cet Exercice honoré de votre présence ».

A la suite de ce discours, M. l'Abbé Sicard a développé les procédés de sa méthode.

Un Elève a dessiné des objets sur la planche; trois autres ont écrit, autour de ce dessin, dans trois différentes langues, en françois, en anglois et en italien, les noms que l'on donne à chaque objet. La simplicité de ce procédé a vivement intéressé S. S.

L'Instituteur a exposé le procédé qui sert à donner la connoissance des élémens de la proposition, et il en a fait faire le signe. Un travail fait par Massieu sur les conjugaisons, sur les divers modes des temps, n'a pas été d'un moindre intérêt. Massieu en a fait les signes avec beaucoup d'exactitude.

S. S. a bien voulu ouvrir un livre (la Vie des Papes), dont elle a accepté l'hommage; elle en a indiqué une page que Massieu a lue avec une pantomime agréable et vive, et le nommé Clerc, autre Sourd-Muet, l'a transcrite, en voyant cette lecture *mimique*.

Un Elève, nommé Gire, a fait hommage au Saint-Père d'une tabatière tournée par un autre Elève, sur laquelle étoient tracées, en mosaïque, les armes du Saint-Siége. Il a bien voulu l'accepter, et donner sa Bénédiction à ce jeune et intéressant Artiste, qui l'a reçue à genoux, aux pieds de S. S.

Cette scène a été aussitôt décrite, à la fois, par deux Sourds-Muets et deux Sourdes-Muettes, d'un style différent. Une autre Sourde-Muette, Mlle. de St. Céran, a lu *très-distinctement* ce que ses compagnes venoient d'écrire : elle a ensuite écrit elle-même, en langue italienne, un compliment adressé au S. P. Une autre Elève moins âgée et non moins intéressante, Mlle. Robert, a écrit, de son côté, un autre compliment, en italien; l'une et l'autre ont ensuite figuré par des signes les mots qu'elles venoient d'écrire.

Après avoir vu parler un Sourd-Muet, Le S. P. étoit dans l'attente du moyen qui a conduit à ce succès si merveilleux. Les désirs de S. S. ont été satisfaits par M. Sicard, qui s'est empressé de développer le mécanisme de la parole, et les moyens qu'il a imaginés pour en obtenir l'heureux résultat.

Ce dernier exercice fini, M. Sicard offrit à S. S. le livre qui contient sa méthode, et un Recueil de Prières pour ses Élèves, qui a été imprimé par les Sourds-Muets eux-mêmes, et qui parut, dans ce moment, pour la première fois.

M. Bonnefoux, ancien Supérieur général de la Congrégation de la Doctrine Chrétienne, eut l'honneur d'offrir au S. P., au nom de l'Administration des Sourds-Muets, une médaille d'or, relative à la visite dont S. S. a honoré l'Institution (1).

Cette Séance dura deux heures et demie. Le S. P. et les Cardinaux ne cessèrent d'y porter l'attention la plus soutenue, et d'y prendre le plus vif intérêt.

En sortant de la salle des Exercices, Sa Sainteté, accompagnée de toutes les personnes de sa suite et des Administrateurs, entra à l'Imprimerie, où elle fut reçue par M. Le Clere, son Imprimeur, qui lui présenta les Élèves Sourds-Muets, travaillant

____

(1) Cette médaille a été frappée par M. Duvivier, si justement célèbre.

à la casse, et ceux qui, dans la seconde pièce, travailloient à la presse.

Le Saint-Père examina avec le plus grand soin tout ce qui composoit chaque presse. Pendant cèt examen, on préparoit sous ses yeux, sans que Sa Sainteté pût s'en douter, le Compliment latin qu'elle alloit imprimer elle-même, et que M. Le Clere lui adressa, tant en son nom qu'au nom des Sourds-Muets Imprimeurs. Sa Sainteté voulut bièn mettre la main à la presse, et imiter les ouvriers, et l'effet de ce travail fut le Compliment suivant :

Sanctissimo Domino Nostro Pio Papæ VII, typographiam Adriani Le Clere, typographi sui Parisiensis, visitanti.

Beatissime Pater,

« Quando typographiam illam Parisiensem, quæ Sanctitati tuæ, Gallias ad tempus incolenti, feliciter inservit, visitare dignaris, typi moventur ut aliquid in laudem tuam exhibeant; præla fervent ut mansuris illud signent figuris, atque ita seræ posteritati commendent. Typographus, tam suo quàm opificum suorum nomine, subitum istud industriæ communis opus verendo admodùm Hospiti gestit offerre. Hasce lineolas, sinceri in Summum Pontificem obsequii testes, ac pii erga Christi Vicarium affectûs indices,

typis mandaverunt juvenes audiendi pariter et lo-
quendi usu destituti. Sed physicas facultates, quas
parca nimis natura negaverat, ipsis postea tribuit vir
quidam clarissimus, et nativitatis defectus artis suæ
potentiâ supplevit. In officinâ nostrâ prodigiorum
semper feraci, quod opilices auribus percipere non
valent, id oculis apprehendunt; et quod ore non
possunt dicere, id digitis eloquuntur. Hinc est, quòd
litterarum ministerio, et totius corporis habitu ad ve-
nerationem composito, Apostolicam Benedictionem
tuam suppliciter exposcunt ».

*A Notre Saint Père le Pape Pie VII, visitant l'Im-
primerie d'Adrien Le Clere, son Imprimeur à Paris.*

Très-Saint Père,

« Lorsque vous daignez visiter l'Imprimerie de Paris,
qui a le bonheur de servir votre Sainteté pendant son
séjour en France, les caractères se mettent en mouvement pour figurer quelque chose en votre honneur;
les presses s'échauffent pour le représenter par des
signes durables, et le transmettre ainsi à la postérité
la plus reculée. L'Imprimeur, tant en son nom qu'en
celui de ses ouvriers, s'empresse d'offrir ce subit
ouvrage de leur commune industrie à un hôte si digne
de leur vénération. Ces lignes d'impression, qui attes-
tent une sincère soumission au Souverain Pontife, et
qui marquent une pieuse affection pour le Vicaire de
Jésus-Christ, ont été composées par des jeunes gens
qui n'ont ni l'usage de l'ouïe ni celui de la parole.

Mais les facultés physiques, que la nature trop écono-
me leur avoit refusées, un homme célèbre les leur
a données par la suite, et a suppléé aux défauts de la
naissance par la puissance de son art. Dans notre
atelier toujours fécond en prodiges, ce que les ouvriers
ne peuvent comprendre par les oreilles, ils le sai-
sissent par les yeux ; et ce qu'ils sont incapables de
dire par la bouche, ils l'expriment par les doigts. C'est
pour cela qu'ils se servent du ministère des lettres, et
de leur posture respectueuse, pour vous supplier de
leur accorder votre bénédiction apostolique ».

Ce qui étonna beaucoup le Saint-Père fut
de voir, au bas de cette feuille, ces mots-ci :
IMPRIMÉ PAR SA SAINTETÉ ELLE-MÉME.

Le Saint-Père fut conduit à une autre
presse, par M. Denoel, prote de l'Imprimerie : un Sourd-Muet y préparoit le qua-
train suivant, qui fut également imprimé
par Sa Sainteté, et qui lui fut présenté par
un autre Sourd-Muet, (Romain).

Sa bonté, dans le rang où chacun le contemple,
Rend au foible l'espoir, donne au juste la paix,
Fait chérir le pouvoir par ses nombreux bienfaits,
    Et la vertu par son exemple.

En se retirant de l'Imprimerie, le Saint-
Père donna sa Bénédiction et son anneau à

baiser à toutes les personnes de la famille de son Imprimeur, et à toutes les autres qui avoient été admises dans l'Imprimerie.

Sa Sainteté voulut bien visiter aussi les autres ateliers. Elle y alla, en passant par le grand dortoir qui règne dans toute l'étendue du grand corps de logis, et où des croisées, habilement ménagées, en face les unes des autres, favorisent, pour la santé des Elèves, une libre et continuelle circulation de l'air. On fit remarquer à Sa Sainteté que tous les lits avoient été faits par les Elèves menuisiers. Il admira l'habileté de l'Architecte de l'Institution (M. de Beaumont), qui remplaçant les murs de refend de l'édifice par de légères colonnes, a su réunir l'agrément à la solidité. C'est à M. de Beaumont, à son activité, et au tendre intérêt qu'il porte à l'Institution, qu'étoit due la propreté, la décence de la maison, qui, en très-peu de temps, avoit été réparée et rendue digne de recevoir S. S. Le Saint-Père visita l'atelier du Tour où avoit été tournée la boëte qu'il venoit de recevoir, et il vit occupés au travail plusieurs Elèves, sous la direction de M. Chabert, chef de cet atelier.

L'atelier de Dessin lui offrit son portrait, dessiné par M. Tulout, qui en est le chef. Il vit avec le même intérêt l'atelier de Gravure sur pierres fines, dirigé par M. Jeuffroy, membre de l'Institut national. M. Bellony, chef de l'atelier de Mosaïque, obtint également des encouragemens de Sa Sainteté. Dans l'atelier des Tailleurs, dans celui des Cordonniers, le S. P. ne vit pas sans émotion de jeunes Elèves dont le travail dispense de recourir à des bras étrangers pour la confection des souliers et des habits de toute l'Institution. Le Saint-Père trouva sur son passage, sur les marches de l'escalier, et dans les allées de la maison, les Sourds-Muets qui n'étoient pas alors occupés aux ateliers, et les Sourdes-Muettes, tous à genoux, et attendant sa Bénédiction. Il la donna à tous, et témoigna à chacun de ces enfans la plus touchante bonté. Enfin le Saint-Père laissa dans cette Institution des souvenirs que sa bonté laisse par-tout, et qui y rendront sa mémoire bien chère aux Administrateurs, aux Elèves, et à tous ceux qui sont chargés de leur instruction.

Le jeudi 9 ventôse an 13, S. S. le Pape
Pie VII a daigné visiter l'Institution des
Aveugles-Nés.

L'Administration s'étant réunie, vers dix
heures du matin, dans la salle ordinaire de
ses Séances, s'est rendue au lieu où S. S.
devoit descendre de voiture pour aller à
l'Eglise. Le S. P. arrivé, l'Administration
l'a reçu. M. le Curé, à la tête de son clergé,
a prononcé le discours suivant :

Sanctissime Pater,

« Felix illa dies, lætemur et exultemus in eâ. Felix
illa dies, quam fecit Dominus, cujus spiritus unxit
te et ad nos laborantes, infirmosque misit, ut lugen-
tium lacrymas abstergeres, ut contritis corde mede-
reris, ut errantibus annum placabilem, nobisque cæ-
cis visum spiritualem prædicares. Felix infirmitas
nostra quæ tantum tàm pium tàm sanctum meruit
habere consolatorem !

Ergò ne, Sanctissime Pater, ergò ne, nobis datur
tuam insperatam sentire præsentiam, te audire, te
oculis ferè dicam cordis cernere, tuâque, omnium
cælestium bonorum fonte, recieari refocillarique be-
nedictione. Dilecto Deo et hominibus, discamus à to
mites et humiles corde esse. Discamus exemplo
Christi vicarii jugum illius esse suave et onus leve;

vivit etenim verè in te Christus, cujus vices tàm piè tàm gloriosè geris; vivit in vultu benigno, in effatu paterno, in zelo domûs Dei qui comedit te et quo accensus et inflammatus, infirmæ valetudinis, tempestatis que inclementis oblitus, longum, laboriosumque iter suscipere voluisti, ut dispersas oves ad ovile Petri in humeris tuis, bone pastor, reportares.

Deus totius consolationis, dies super dies Pii Sexti, dignissimo ejus successori, Pio Séptimo, concedere dignare; annos longiores et feliciores da illi, ut ad supernæ vocationis, tòtque virtutum bravium, senex, plenus dierum, in osculo Domini, tranquillè perveniat ».

S. S. est partie de l'Eglise, après avoir fait sa prière, pour se rendre à la salle des Exercices, où une assemblée nombreuse et choisie et les jeunes Aveugles de seconde classe étoient réunis.

M. Brousse-Desfaucherets, l'un des Administrateurs, a ouvert la séance par le discours suivant, adressé à S. S.

« La charité paternelle qui vous caractérise, heureuse du bien qu'elle fait et avide du bien qu'elle peut faire, vous a seule conduit, jusqu'à présent, dans les asiles de la douleur et dans le refuge de l'infortune.

» A ces motifs si puissans sur votre cœur, la Religion dont vous êtes le Chef auguste ajoute un intérêt nouveau pour vous appeler dans cet Hospice qui jouit aujourd'hui de votre présence.

» Un Roi à qui ses vertus ont donné une longue mémoire, et sa profonde piété la gloire céleste, en fut le fondateur. Sa justice et sa reconnoissance y rassembla des héros que l'amour de leur religion avoit entraînés avec lui par de là les mers, et qui avoient tout sacrifié pour arracher aux mains des infidèles le berceau de l'Eglise. Aussi toujours cher aux Souverains Pontifes, cet Hospice reçut de vingt-deux Papes des preuves particulières d'affection. Votre Sainteté a mis le comble aux faveurs qu'il a reçues, en lui procurant un avantage qu'il n'avoit pas encore connu, la présence du Chef de l'Eglise et du Successeur de tous ses bienfaiteurs spirituels.

» Le Gouvernement François qui, dans un bien établi, trouve des moyens d'en établir un nouveau, a complété cet Etablissement en y réunissant l'instruction à la bienfaisance : il a placé dans cette enceinte ces enfans qu'une cécité naturelle sembloit condamner à d'éternelles douleurs ; et par l'industrie qu'il leur procure, il leur a assuré des secours contre le malheur et contre l'oisiveté, qui est le premier de tous!

» C'est cette industrie dont Votre Sainteté va voir les développemens ; ce sont ces essais de ces ouvriers infortunés qu'elle va encourager par ses regards : elle va répandre sur les travaux des enfans Aveugles la bénédiction qu'elle a versée sur les travaux des Sourds-Muets. Cette époque sera pour eux tous la gloire du présent, l'entretien de l'avenir ; et les mêmes Administrateurs à qui le Gouvernement a remis la tutelle de ces deux familles trouvent une nouvelle récompense de leurs soins dans l'honneur de vous recevoir, une seconde fois, et dans le bonheur que votre présence et votre bonté va faire goûter à tous les habitans de cette maison ».

Ce discours, qui a vivement intéressé, a été suivi par un second de M. Bertrand, Directeur de l'Institution des Aveugles, dont voici les expressions :

Très-Saint Père,

« Organe de ces infortunés que votre Sainteté daigne honorer de sa présence, je viens déposer à vos pieds l'hommage du respect dont ils sont pénétrés pour votre personne sacrée. Le ministère que m'a confié le Gouvernement n'a jamais été plus cher à mon cœur que dans ce jour où il m'est permis d'en exercer les fonctions honorables devant un Pontife dont la terre entière révère la dignité et chérit les vertus. Inviolablement attaché d'esprit et de cœur au successeur de saint Pierre, je me plais à répéter à mes Elèves que le Fils de Dieu, auteur et consommateur de cette Religion qui seule éclaire les hommes de la véritable lumière, s'est choisi un Représentant visible pour la gouverner sur la terre ; que ce Chef auguste de cette Eglise immortelle , aime comme cet Homme-Dieu à consoler les malheureux et à les visiter jusque dans leur asile ; et quand j'ai dit à mes Elèves que votre Sainteté devoit les honorer de la même faveur, je n'ai jamais versé de plus douces consolations dans leurs ames.

» Mais au milieu de la joie que votre présence inspire, quelle idée affligeante vient se mêler à leurs transports! Jamais, T. S. P., les rigueurs de la divine Providence n'ont paru plus grandes à l'égard de ces infortunés que dans ce jour. Ils savent que la piété, la douceur et la bonté sont peintes sur votre front auguste, et que par-tout où vous portez vos pas on voit couler des larmes de la plus vive allégresse; et cependant ces infortunés ne pourront contempler ces traits célestes qui répandent un charme si puissant dans tous les cœurs. Ils peuvent *toucher la frange de vos habits*, et recevoir comme tous les autres cette douce influence de *vertu* qui sort en quelque sorte de vos vêtemens; mais, hélas! ils sont condamnés à ne jamais jouir de celle de votre regard paternel. La privation de ce soleil qui éclaire les autres hommes n'est donc pas la seule dont ils aient à gémir aujourd'hui. Daignez les en consoler, T. S. P., en leur accordant votre Bénédiction apostolique, et en répandant sur eux les trésors et les grâces dont vous êtes dépositaire ».

M. Bertrand a ensuite exposé les procédés par lesquels on enseigne aux Aveugles-Nés la lecture, l'écriture, la Religion, les langues, les sciences et la musique. Les Elèves ont été exercés dans ces diverses parties, et ils ont exécuté différens morceaux de musique.

Mlle. Bienque, Aveugle, a eu l'honneur de présenter à S. S. cette pièce de vers de sa composition.

VERS.

Digne Chef de l'Eglise, ô vous Pontife auguste,
Saint Ministre d'un Dieu de clémence et de paix!
Oui, nous reconnoissons que ce Dieu bon et juste,
Veut assurer, par vous, le bonheur des Français.

La bonté, la douceur ornent votre langage,
Saint Père, à votre aspect, tous les cœurs sont émus.
De J. C. en vous on retrouve l'image,
Tant vous réunissez d'éminentes vertus!

Si le Ciel à nos yeux ôte la jouissance
De contempler les traits où brille la candeur;
Il ne nous prive pas de la reconnoissance.
Par elle vous vivrez à jamais dans nos cœurs.

Ces vers ont été récités à S. S. par Mlle. Legendre, Aveugle-Née, âgée d'environ dix ans.

La satisfaction constante que le Saint-Pontife a témoignée durant la Séance, la bienveillance aimable avec laquelle il a accueilli tout ce que le désir de lui plaire inspiroit à l'Administration, à l'Instituteur et aux Elèves, ont été pour tous la plus douce récompense qu'ils pussent recevoir de leurs soins et de leurs efforts, et fourniront à jamais à l'Hospice des souvenirs de bonheur et de gloire.

Après la Séance, le S. P. s'est rendu à l'infirmerie, où les Aveugles, que le mauvais temps n'avoit pas permis de placer sur les estrades qui leur étoient destinées, s'étoient réunis. Là, le Saint-Pontife s'est montré le père des malheureux, le consolateur des malades, comme dans la salle des Exercices, il s'étoit montré ami éclairé des arts, des lettres et des sciences. Il a daigné donner sa Bénédiction apostolique aux trois seuls malades que renfermât l'infirmerie sur six cents personnes résidant à l'Hospice.

Le mauvais temps a empêché S. S. de visiter l'Atelier de Filature des jeunes Aveugles, ainsi que la Fabrique de Tabac à laquelle travaillent les grands Aveugles.

Le S. P. en partant a témoigné de la manière la plus affectueuse à MM. les Administrateurs sa satisfaction de tout ce qu'elle avoit vu et entendu, ainsi que de l'ordre qui avoit régné au milieu de plus de deux mille personnes, qui se pressoient sur son passage, pour contempler sa figure auguste, et recevoir sa Bénédiction.

F I N.

BIBLIOTHEQUE NATIONALE DE FRANCE
3 7531 01875613 1